AF335980

Valable pour tout ou partie
du document reproduit

Couverture inférieure manquante

Original en couleur
NF Z 43-120-8

Vernière

à Monsieur Léopold Delisle
Hommage très respectueux et très reconnaissant
A. Vernière

LES
OFFICIERS DES ÉLECTIONS
DU LIMOUSIN

ET

DE LA MARCHE

PAR

ANTOINE VERNIÈRE

TULLE

IMPRIMERIE CRAUFFON

36, rue du Trech, 36

1886

LES OFFICIERS DES ÉLECTIONS

DU LIMOUSIN ET DE LA MARCHE

EXTRAIT
DU
*Bulletin de la Société des Lettres, Sciences et Arts
de la Corrèze*

LES
OFFICIERS DES ÉLECTIONS
DU LIMOUSIN

ET

DE LA MARCHE

BIBLIOTHÈQUE NATIONALE
DON
DELISLE-LISLONE
AT
MANUSCRITS

PAR

ANTOINE VERNIÈRE

TULLE
IMPRIMERIE CRAUFFON
36, rue du Trech, 36

1886

La Cour des Aides de Clermont (1) fut instituée par Henri II, au mois d'août 1557, à la requête des sujets taillables de la province d'Auvergne qui étaient obligés d'aller plaider à la Cour des Aides de Paris depuis la suppression de celle de Périgueux. Cette Cour fut d'abord établie à Montferrand, puis transférée à Clermont, en 1630, par édit du roi Louis XIII qui unit les deux villes.

Son ressort s'étendait dans l'Auvergne sur les élections de Riom, Clermont, Issoire, Brioude, Saint-Flour, Aurillac et Mauriac ; dans le Bourbonnais sur celle de Gannat et dans la Combrailles, sur celle d'Evaux ; dans le Limousin et dans la Marche sur les élections de Limoges, Tulle, Brive, Bellac et Guéret. Il s'étendait aussi sur les greniers à sel de Riom, Cusset, Ris, Aigueperse, Maringues, Evaux, Saint-Gervais, Menat, Montaigut, Pionsat, Guéret, Jarnage, Saint-Valery, Dun-le-Paleteau, Saint-Pourçain, Aubusson, Murat, Saint-Flour, Thiers, Auzance et Brioude.

---

(1) Les Cours des Aides connaissaient en appel de tous les procès se rapportant à l'assiette, à la répartition ou à l'exemption des impôts, et qui avaient été jugés en premier ressort par les tribunaux d'élection.

On sait que les élections étaient des juridictions royales connaissant en première instance des questions de tailles, aides et gabelles. Leurs sentences étaient déférées par appel à la Cour des Aides qui jugeait en dernier ressort.

La Cour des Aides de Clermont supprimée par le chancelier Meaupou, en mars 1771, et remplacée par un *Conseil Supérieur*, fut rétablie, le 12 novembre 1774, en même temps que le Parlement. Elle disparut définitivement, en 1790, avec toutes les autres juridictions de l'ancien régime. Quelques mois après toutes ses archives furent brûlées.

Dans la seconde moitié du xviii° siècle un des officiers de cette Cour a dressé, toutefois en laissant quelques lacunes, un répertoire des lettres de provisions et des actes relatifs à la noblesse qui y ont été enregistrés de 1590 à 1763. Une copie de ce document précieux à plus d'un titre est conservée aux archives départementales du Puy-de-Dôme, elle nous a servi à établir les listes des conseillers élus et officiers des élections de Tulle, Brive, Limoges, Bellac et Guéret (1).

A. VERNIÈRE.

---

(1) Plusieurs noms, mal orthographiés par le copiste du xviii° siècle, ont pu être rétablis, grâce à MM. l'abbé Lecler, Louis Guibert et Oscar Lacombe, qui ont eu l'obligeance de revoir ces listes et de nous fournir de précieux renseignements.

ÉLECTION DE TULLE.

1592. Provisions et dispense d'âge de Jéan de la Fagerdie (1), lieutenant en l'élection de Tulle, par démission de Jean de la Fagerdie, son père.

1602. Pierre de Loyac, élu à Tulle, sur la démission de Jean Dupuy.

1602. Deorde Bouret (2), élu à Tulle, démission de François Bouret, son père.

1615. Jean Bouret, élu à Tulle, au lieu d'Eorde Bouret (3).

1617. Jean Meirat (4), élu à Tulle, au lieu de Michel Chassaing.

1618. Gabriel Brun, élu à Tulle.

1619. Jean Deprez, contrôleur élu triennal à Tulle. (Création).

1620. Jean de Lespinasse (5), élu à Tulle, par démission de Guillaume Maruc (6).

1620. Etienne Baluze, élu à Tulle, par démission de Jean Pressinguet (7).

1622. Jean de Fénix (8), assesseur en l'élection de Tulle. (Création).

---

(1) Ou la Fageardie.

(2) Ce nom existe encore. Un Bouret était officier de l'élection de Brive ; souvent il y avait permutation entre les élus des deux villes.

(3) Mêmes indications que pour le précédent.

(4) Probablement Mirat, du Mirat ou du Myrat.

(5) Ou Jarrige de Lespinasse.

(6) Un Maruc était argentier de la reine.

(7) Fressinges.

(8) Fénis, et plus tard de Fénis.

1622. François Delavières (1), élu, par démission de Jean Delavières, son père.

1623. Jean de Chaunat, élu, par démission d'Annet Maruc.

1624. Jean Darluc, élu, au lieu de Jean Darluc, son père.

1626. Antoine Meynard, élu, au lieu de Pierre de Loyac.

1626. Antoine Chazal, avocat du roy en l'élection, par démission de Louis Salles.

1626. Jean-François de Jaucen, élu. (Création de décembre 1625).

1626. François Andrieux, lieutenant particulier élu. (Même création).

1627. Jean Lespinasse (2), élu, au lieu de Jean, son père.

1627. Pierre Baluze, élu, par démission de Jean Thomas (3).

1627. Gilbert Amarzit (4), élu. (Création).

1629. Jacques Meynard, président en l'élection, par démission de Pierre, son père.

1629. Jean Lespinasse, assesseur, au lieu de Jean de Fénix (5).

1629. Bertrand Brun, élu, au lieu de Gabriel, son père.

1630. Jean-Baptiste Darche, lieutenant particulier, par démission de François Andrieux.

1632. François Sudour, élu, par démission de François de Jaucen.

1632. Pierre Langlade, lieutenant criminel en

---

(1) De Clavières. Plus tard les Brossard ont porté le nom de Clavières.

(2) Ou Jarrige de Lespinasse.

(3) Probablement Tournier.

(4) Gilbert d'Amarzit.

(5) De Fénis.

l'élection de Tulle. (Création de décembre 1632. Finance, 8,000 livres).

1632. Henry de la Fagerdie, élu, au lieu de Jacques de Maruc (1).

1634. Henry de la Fagerdie, lieutenant, au lieu de Jean, son père.

1637. Pierre Dufour (2), élu, par démission de François Sudour.

1637. Pierre du Mirat, avocat du roy. (Création de décembre 1633).

1637. Martin Bouret (3), procureur du roy alternatif. (Même création).

1639. Antoine de Loyat (4), président, au lieu de Jean-Baptiste, son père.

1639. Martin Beaufort, élu, au lieu de Pierre Darluc.

1641. François de la Fagerdie, élu, au lieu de Martial de Beaufes.

1646. Ligier Plasse, élu, au lieu d'Antoine Meynard.

1648. Jean Meynard, président, par démission de Jacques, son père.

1650. Léonard Teissier (5), élu, au lieu de François de Clavières.

1651. Jean Maruc, élu, par démission d'Henry de la Fagerdie.

1653. Pierre Bouret, élu, par démission de Jean, son père.

---

(1) Ces provisions étaient accompagnées d'autres lettres portant injonction à la Cour de recevoir Henry de la Fagerdie, chanoine de la Cathédrale de Tulle, nonobstant sa qualité de prêtre et chanoine.

(2) Probablement Dufaure.

(3) Ou Bouret.

(4) Alias de Loyac.

(5) Teyssier.

1656. Jérôme du Meirat (1), élu, par démission de Jean, son père.

1657. Jean Fraisse, président, par démission d'Antoine de Loyac.

1657. Mathieu Dejouy (2), élu. (Création d'avril 1656).

1657. Gabriel Brun, élu, au lieu de Bertrand, son père.

1661. Etienne Espinasse, assesseur, au lieu de Jean, son père.

1663. François de la Garde, élu, au lieu de Jérôme Mirat.

1665. Martial Dupuy, procureur du roy ancien, au lieu de Pierre, son père.

1676. Jean de Saint-Priech, élu, au lieu de Jean de Masac (3) et dispense de parenté.

1678. Martial de la Fageardie, lieutenant, au lieu d'Henry, son père.

1678. Jean de la Caze du Laurens, président, au lieu de Jean Fraisse.

1678. Raymond Dupuy, au lieu de Jean Dupuy.

1682. Jean-Martin Darluc, élu, au lieu de Jean de Saint-Priech.

1682. François Jarrige, sieur d'Enval, élu, par démission de Raymond Dupuy.

1687. François Mensat, élu, au lieu d'Etienne Lespinasse.

1690. Pierre Brivazac, procureur du roy, par démission de Martial Dupuy.

1692. Joseph Melon, assesseur. (Création de novembre 1689).

1692. Jacques Chabaniel, élu. (Même création).

1698. Raymond Meynard, prêtre, chanoine de

---

(1) De Myrat.

(2) Probablement Dupuy.

(3) Probablement Mensac.

l'église cathédrale de Tulle, président, par démission de Jean, son père.

1700. Jean-Martin de la Fagerdie, lieutenant, au lieu de Martial, son père.

1704. Joseph Chazal de Brigoulet, élu, par démission de Jacques Chabaniel.

1711. Jean-François Jarrige, sieur de Bournazel, élu, au lieu de François, son père.

1711. Jean Meynard, président, par démission de Reymond, son oncle.

1722. Joseph de Lespinasse de Pebeire (1), lieutenant, au lieu de Jean-Martin de la Fagerdie et dispense d'aillance avec François Jarrige, son beau-frère, élu en ladite élection.

1723. Pierre-Blaise Brivazac, procureur, par démission de Pierre, son père.

1726. Antoine Levraud, élu au lieu de François Mensat.

1727. Jean Baluze du Mayne, procureur, au lieu de Pierre-Blaïse Brivazac.

1736. Jacques Fraisse, élu, par démission de Jean-Martin Darluc.

1752. Etienne Albier de Bellefond, président, au lieu de Jean Meynard.

1754. Jean-Joseph Brossard, élu, au lieu d'Antoine Levraud.

1755. Antoine-Joseph Lamore, sieur de la Mirande, lieutenant, par démission de Joseph Lespinasse.

1756. Jean-François Lespinasse, élu, au lieu de François Jarrige.

---

(1) De Pebeyre.

ÉLECTION DE BRIVE.

1592. Provisions de Bernard Algay, élu à Brive, au lieu de Benjamin le Teneur (1).

1600. Denis Sahuguet, élu en l'élection de Bas-Limousin.

1610. Provisions de François Bouret, élu à Brive, au lieu de feu Rémond Bouret, son père.

1617. Jean Sahuguet, élu à Brive, par démission de Jacques Sahuguet, son père.

1620. Antoine Saige (2), lieutenant en l'élection de Brive, par démission de Jean Debonnard.

1622. Barthelmy de Géraud, président, par démission de François de Géraud, son père.

Jean Dolier (3), assesseur. (Création de février 1622).

1624. Antoine Dalmas (4), élu, par démission de Jean Dalmas, son père.

1625. Raymond Gaye, élu. (Création de décembre 1625).

François Dupuy, lieutenant particulier. (Création de décembre 1625).

1627. Jean Vielbans, élu, au lieu de Martial Vielbans, son père.

François Dumas, élu, par démission de Jean Desangues (5).

---

(1) Ou le Tasseur.
(2) Sage.
(3) D'Ollier.
(4) Probablement Dalmay.
(5) Peut-être de Sahuguet?

1628. François Sauvaige (1), élu, par démission de François de la Chaise.

1629. Jacques Sahuguet, élu, par démission de Denis Sahuguet.

Jean Maledent, président, au lieu de Jean Verdier.

1630. Pascal de Vielbans, élu, par démission d'Etienne Vielbans, son père.

1631. Jean Rivière, élu, par démission de Jean Rivière, son père.

1632. Antoine Saige, élu, par démission de François Baillot.

1633. Jean Dusol, élu, au lieu de Jean Vielbans.

1637. François de Géraud, président, au lieu de Barthelmy, son frère.

1638. Jean Dupuy, élu, au lieu de Pascal de.....

1646. Etienne de Montenaud (?), élu, par démission d'Hugues, son père.

1649. Louis Guyon, au lieu de Léonard Guyon.

1651. Etienne Barbier, élu, par démission de François Dumas.

Jean Dalmay, élu, au lieu d'Antoine, son père.

1655. Lettres de noblesse accordées à Jean Dalmay, sieur de Farges, habitant de la paroisse de Louignac, élection de Brive-en-Limousin.

1657. Daniel Pradel, élu, par démission de Jean Dalmay.

Etienne Gaye, élu, par démission de Raymond, son père.

1668. Etienne de Gaye, lieutenant, au lieu de Jérôme Sage.

---

(1) Sauvage.

1672. Jacques Boyer (1), éleu, au lieu de Pierre d'Amarzit.

1674. Martin Gilbert (2), assesseur, au lieu de [.....] Ollier.

1680. François Dumas, président, au lieu de Bernard, son père.

1685. François Vitrac, procureur du roy, au lieu de Claude Vitrac.

1689. Jean Joffre, éleu. (Création de novembre 1689).

François Dufaure, procureur, au lieu de François de Vitrac.

1692. Jean Gillibert, éleu, au lieu de Martin, son frère.

1693. Guillaume Dufaure, procureur, au lieu de François Dufaure.

Etienne Chassaing, lieutenant criminel. (Création d'août 1693).

1697. Etienne Gaye, lieutenant, au lieu d'Etienne Gaye.

1699. Jean Dupuy, éleu, au lieu de Jean Dupuy.

1701. Dominique Dubois, éleu. (Création de décembre 1701).

1702. Lettres d'annoblissement en faveur d'Hugues-Joseph de Sahuguet d'Amarzit, sieur du Vialard. (Edit de mai 1702, 6,000 livres).

1705. Jean-Félix Dumas de Soulages, président, au lieu de François Dumas, son père.

1706. Zacharie Gilibert, éleu, par démission de Pierre Sapienti (3).

1712. Jean-Côme Chassaing, lieutenant criminel, par démission d'Etienne, son père.

---

(1) Peut-être Bayor.

(2) Gilibert.

(3) Sapientis.

Joseph Albier de Bellefont, élu. (Création de novembre 1707, 2,000 livres).

1719. Guillaume Dufaure, procureur du roy, au lieu de Guillaume, son oncle.

1724. Paul-Clément Gaye de Blavignat, lieutenant, au lieu d'Etienne Gaye, son père.

1725. Léonard Combescot, élu, au lieu de Jean Combescot, son père.

1726. Jean Gilibert de Neuvers (1), élu au lieu de Zacharie Gilibert.

1734. Annet Gauthier de la Vigerie, procureur du roy, au lieu de Guillaume Dufaure de Sauverie.

1747. Etienne Dufaure de la Vareille, président, par démission de Jean Félix Dumas de Soulages.

1748. Henri du Teillet de la-Motte, élu, par démission de Jean Gilibert de Neuvers (2).

1754. Martin Lafaurie, président, par démission d'Etienne du Faure de la Vareille.

---

(1) Peut-être de Neuvy.
(2)   Id.

ÉLECTION DE LIMOGES.

1592. Pierre Nicolas, élu contrôleur des tailles à Limoges, nouvellement créé.

1592. Provisions de Jean des Flottes, élu en l'élection du Haut-Limousin, sur démission d'Etienne de Grandsaigne.

1602. Pr. de Pierre de Verthamont, élu à Limoges, sur la démission d'Etienne Renjard.

1602. Pr. de Jean Baignol, substitut du procureur général en l'élection du Haut-Limousin, sur démission de Jean Baignol, son père.

1610. Grégoire Descordes, élu à Limoges, par démission de Pierre Descordes, son père.

1610. Jean de la Grange, élu à Limoges, par démission de Pierre de Douhet.

1610. [.....] de Villoutreix, lieutenant en l'élection de Limoges, par démission de François de Villoutreix, son père.

1610. Pierre Malignaud, avocat du roy en l'élection de Limoges, par démission de Géral de Dozat (1).

1612. Jean de Voyon (2), élu à Limoges, par démission de Pierre de Verthamont.

1617. Guillaume de Verthamont, élu à Limoges, au lieu de Jean Chantoin.

1619. Balthazard La Rue (?), élu contrôleur à Limoges, par démission de Claude Cartier.

---

(1) Ne serait-ce pas de Dohet ou de Douhet, peut-être Dorat ?
(2) Probablement De Voyon.

1620. Contrat d'adjudication de l'office de garde scel de l'élection de Limoges au profit de Balthasard Gobelin, président en la Chambre des Comptes à Paris, auquel a été reçu par commission Martial de Maledent.

1620. Jacques Nicolas, élu à Limoges, par démission de Pierre Nicolas, son père.

1621. Jean Pigné, assesseur en l'élection de Limoges. (Création).

1622. Jean Pallot (1), élu. (Création de février 1622).

1622. Albert de Valbonne, élu, par démission d'Antoine Pigné.

1624. Michel Dedoues (2), élu, par démission de Jean Dedoues, son père.

1626. Pierre Servin, élu, par démission de Jean Pigné.

1626. Jean Pigné, élu. (Création de décembre 1625).

1626. Pierre Vidaud, élu. (Création de décembre 1625).

1628. Jean Aubigeois l'aîné, élu. (Création de juin 1627).

1628. Jean Aubigeois le jeune, élu. (Création de juin 1627).

1628. Jean Garreau, élu, par démission de Guillaume de Verthamont.

1628. Martial Vidau, élu, au lieu de Jacques Nicolas.

1633. Pierre Dubois, élu, par démission d'Albert Lapine.

1633. Jean Pinot, élu, par démission de Michel Douhet.

---

(1) Peut-être Ballot ou Baillot.
(2) Probablement de Douhet.

BIBLIOTHÈQUE NATIONALE — MANUSCRITS

1633. Jean Mousnier, élu, par démission de Martial Vidaud.

1633. Jean Pigné, président. (Création de décembre 1632, 10,500 livres).

1633. Léonard Chastagner, lieutenant particulier, par démission de Jean Pigné.

1633. Etienne Maledent, contrôleur élu, au lieu de Jean Pinot.

1635. Martial Arnaud, procureur du roy alternatif. (Création de décembre 1633, 3,000 livres).

1635. Joseph de Roulhac, deuxième avocat du roy, (Création de décembre 1633, 2,400 livres).

1635. Jacques Malignaud, avocat du roy, au lieu de Pierre Malignaud, son frère.

1636. Jean Rouard, élu, au lieu de Gaspard Benoit.

1637. Jean Chouly, élu, par démission de Paul Chouly, son père.

1637. Jean Monghon (?), élu, par démission de Martial Monghon.

1637. Jean de Verneuil, procureur du roy alternatif, au lieu de Martial Arnaud.

1639. Jean Mousnier, élu, au lieu de Jean Mousnier, son père.

1640. Guillaume de Voyon, élu, par démission de Jean de Voyon, son père.

1641. Jean de Voyon, élu, au lieu de Guillaume de Voyon, son frère.

1643. Joseph de Roulhac, procureur du roy, au lieu de Jean Baignol.

1643. Martial Roulhac, deuxième avocat du roy, par démission de Joseph Roulhac, son cousin.

1644. Jean de Verthamont, premier président, au lieu de Guillaume de Verthamont.

1644. Jacques de Verthamont, élu, au lieu de Jean Pinot.

1645. Jean de la Grange, élu, au lieu de Jean dela Grange, son père.

1645. Iriey du Garreau, éleu, par démission de Jean du Garreau, son père.

1645. Pierre Paignon, éleu, au lieu de Pierre Paignon, son père.

1649. Martial Lapine, éleu, au lieu de Balthazard Lapine, son père.

1649. Jean Vidaud, éleu, au lieu de Pierre Vidaud, son père.

1650. Jean Rigaud, avocat du roy ancien, par démission de Jacques Malingaud.

1650. Grégoire Dubois, éleu, au lieu de Pierre Dubois.

1650. Simon Dupin, éleu, par démission de Jean Mounier.

1650. Jean Lamy, lieutenant criminel, au lieu d'Etienne Lamy, son père.

1656. Jean de Villoutreix, lieutenant général, au lieu de Pierre de Villoutreix, son père.

1656. François Vernet, assesseur, par démission de Pierre Larnier.

1656. Jean de la Font, éleu, au lieu de Jean de Chouly.

1658. François Faure, éleu, par démission de Jean Aubigeois.

1658. Joseph Roulhac, procureur du roy alternatif, par démission de François Verneuil.

1658. Michel de Verthamont, prieur de Saint-Médard, président, au lieu de Jean de Verthamont.

1661. Joseph Pigné, 2e président, par démission de Jean Pigné, son père.

1670. Joseph de Roulhac, procureur, par démission de Joseph de Roulhac, son père.

1670. Jean Michelon, éleu, au lieu de Martial Moulinier.

1683. Henry de Verthamont, procureur du roy.

1690. Charles Guéringaud, assesseur. (Création de novembre 1689).

1690. Philippe de Douhet, éleu. (Création de novembre 1689).

1692. Léonard Noailles de la Bussière, président et juge des droits de sortie et entrée. (Création de mai 1691).

1694. Jean Decodres (1), lieutenant des droits et sorties. (Création de mai 1691).

1695. François Lansade, élu, par démission de Pierre Lansade, son oncle.

1695. Henri-Michel Perrière, au lieu de Martial Lapine.

1697. Pierre Barny, élu, au lieu de François de Verreuil.

1700. Elie Pigné, élu, au lieu de Michel Perrière, son gendre.

1702. Martial Romanet, assesseur, au lieu de Charles Guéringaud.

1702. Grégoire Cognasse, lieutenant, au lieu de Jean de Villoutreix.

1702. Antoine Noailles des Bouilles, président. (Création de mai 1702 : 2,300 livres).

1702. Joseph Limousin, élu, au lieu de Jean Michelon.

1705. Jean de Fenieux de Vaugondrez, président, au lieu de Jean Pigné de la Coste-Mézières.

1705. Joseph de Roulhac de Corbiat, procureur du roy, au lieu de Joseph de Roulhac, son père.

1707. Jean de Douhet, élu, au lieu de Philippe de Douhet.

1711. François Chassaigne, élu, par démission de Jean de Douhet.

1713. François Lansade, élu, au lieu de François Lansade, son père.

1714. Amable-Jean-Baptiste Sègne, élu, au lieu de Joseph Limousin.

1717. Léonard Perrière élu, au lieu d'Elie Pigné.

---

(1) Decordes.

1723. Sylvain de Robert de Villemartin, président, au lieu de Jean de Fenieux de Vaugondrez.

1726. François de la Bonne, élu, par démission de François Lansade.

1731. Yrieix de la Font, président, au lieu de Pierre Silvestre de Robert de Villemartin.

1736. Pierre-François-Martin de la Plaigne, élu, au lieu de Pierre Barny.

1740. Pierre Sègne de la Valette, élu, au lieu de J.-B. Sègne, son père.

1746. Pierre-Jean Allouveau, élu, au lieu de Pierre-Martin de la Plaigne.

1750. Jean Labonne, sʳ de Jumeaux, élu, au lieu de François Labonne d'Escabilion.

1752. Jacques Mabaret, procureur, au lieu de Joseph de Roulhac de Courbiat.

1755. Jean-Etienne, sʳ de la Rivière, président, au lieu d'Yrieix de la Font, sʳ de Puisageard.

1759. J.-B. Perrière de la Gardette, chanoine du chapitre de Saint-Martial, élu à Limoges.

1760. Pierre Valade, élu.

1762. Antoine Gourgevieille de Marobert, lieutenant.

ÉLECTION DE BELLAC.

—

1639 (Mars). Edit de création de l'élection de Bellat.

« Arrest du conseil portant que les pourvus des offices en l'élection de Bellat, rétablie par l'édit de mars 1639, seront seulement reçus en la Cour des Aydes de Clermont-Ferrand sans être tenus de se faire recevoir en celle de Paris, et seront installés par le sieur Ribeyre, conseiller en la Cour, et néanmoins les apellations de lad. élection ressortiront en la Cour des Aydes de Paris pour les vingt-sept paroisses qui en dépendront. »

Jean Claveau, conseiller en l'élection. (Edit de mars 1639 : 4,500 livres).

Michel Fauret, conseiller en l'élection. (Edit de mars 1639 : 1,200 livres).

Pierre Galichier (1), conseiller en l'élection. (Edit de mars 1639 : 4,100 livres).

Léonard Mallebay, conseiller en l'élection. (Edit de mars 1639 : 2,200 livres).

Martial Mallebay, conseiller en l'élection. (Edit de mars 1639 : 4,100 livres).

Christophe de Bersat (2), conseiller en l'élection. (Edit de mars 1639 : 4,100 livres).

Antoine Perrigot, lieutenant civil. (Edit de mars 1639).

---

(1) Gallicher ou de la Salle-Gallicher.

(2) De Bersac ; famille originaire du lieu de Bersac, paroisse de Rancon.

François Marraud, lieutenant criminel. (Edit de mars 1639).

Jacques Boulet (1), élu. (Edit de mars 1639).

François Père, élu. (Edit de mars 1639).

François Lacoudre, lieutenant particulier. (Edit de mars 1639).

Jean Lafleur (2), procureur du roy. (Edit de mars 1639).

François Tournois, assesseur. (Edit de mars 1639).

Simon du Peiron, substitut du procureur. (Edit de mars 1639).

François Chastaud, élu. (Edit de mars 1639).

François Audebert, premier président. (Edit de mars 1639).

Germain Dehemes (?), élu. (Edit de mars 1639).

François Bouchaud, élu. (Edit de mars 1639).

Jean du Pouget, élu. (Edit de mars 1639).

1650. Jean Claveau, élu, au lieu de François Bourlaud.

1650. François Claveau, élu, au lieu de Jean Claveau.

1650. Pierre Buisson, élu. (Edit de mars 1639).

1655. Joseph Aubigeois, second président, au lieu de Barthelmy de Mardot (?).

1657. Vincent Boulet, au lieu de Jacques Boulet.

---

(1) Boulet de Chauveyrat.
(2) Lafleur des Essards.

ÉLECTION DE GUÉRET.

—

1602. Provisions de Jean Farghaud (1), conseiller ancien en l'élection, sur la démission d'Antoine Miomandre.

1610. Gilbert Taquenet, président ancien, par
démission de Christophe Garron.

1610. Gilbert Chaussard, élu, par démission
de Gilbert Chaussard, son père.

1611. Etienne Lemoine, avocat du roy.

1617. Gilbert Garron, élu, par démission de
Gilbert Taquenet.

1617. Joachim Mérigot, lieutenant, par démission de Léonard Mérigot.

1617. François Tixier, élu, au lieu de Jean de
Reaulne.

1617. François Niveau, élu, par démission de
Louis Taquenet.

1620. Léonard Garreau, contrôleur, élu, par
démission de Gabriel Garreau, son père.

1620. René Broš, élu, au lieu de Pierre
Mérigot.

1620. Jean Ceysson, lieutenant, au lieu de
Joachim Mérigot.

1620. Etienne Lemoine, substitut, par démission d'Etienne Lemoine.

1620. Antoine Seglière, président, par démission d'Annet du Plantadis et d'Etienne Seiglière.

1621. Claude Granchier, élu. (Création).

---

(1) Ou Fargaud.

1622. Jean Rougier, assesseur. (Création par édit de février 1622).

1622. Jacques Garreau, éleu, par démission de René Broë.

1622. François Mirebeau, éleu, au lieu de Jean Seglière.

1623. Annet du Plantadis, président, par démission de Jean du Plantadis, son père.

1624. Jean Baillot, éleu, au lieu de Jean Eudier.

1625. Jean Niveau, éleu, par démission de François Niveau.

1626. Jean Bonnet, éleu. (Création).

1627. François Bandy, éleu, au lieu de François Bandy, son oncle.

1627. Claude Choppy, lieutenant, par démission de Jean Ceisson.

1628. Nicolas Garreau, éleu, par démission de Léonard Garreau, son frère.

1628. Jean Garreau, éleu, par démission de François Tixier.

1628. Antoine Fargeaud, éleu, par démission de Jean Fargeaud, son père.

1630. Jean Chaussard, éleu, par démission de Gilbert Chaussard, son père.

1633. Antoine Couturier, éleu. (Création de juin 1632).

1633. Pierre Lejeune, 2e président. (Création de décembre 1632. Finance : 11,000 livres).

1633. Jacques Peschau, éleu. (Création de juin 1628. Finance : 10,462 livres).

1633. Laurent Rousset, éleu, au lieu d'Annet du Plantadis.

1634. Antoine de Perpirolle, éleu, au lieu de Gabriel de Perpirolle.

1636. Claude Ceysson, lieutenant, par démission de Claude Choppy.

1637. Pierre Garron, éleu, au lieu de Gilbert Garron, son père.

1638. Guillaume Mirebeau, élu, au lieu de François Mirebeau, son père.

1639. Antoine Seglière, président ancien, par démission d'Antoine Seglière, son oncle.

1639. François Chaussard, au lieu de Jean Chaussard.

1642. François Granchier, élu, par démission de Claude Granchier.

1642. Henry Augay, élu, au lieu de Jean Niveau.

1644. Olivier Roudeau, procureur, par démission de Guillaume Fayolle.

1650. René Couturier, élu, au lieu d'Antoine Couturier, son père.

1650. Jean Peschaut, lieutenant, au lieu de Claude Ceisson.

1650. Gilbert Garron, élu, par démission de Pierre Garron, son frère.

1651. Pierre Garreau, élu, au lieu de Jacques Garreau.

1652. François Leboiteux, assesseur, au lieu de Jean Rougier.

1652. François Garreau, élu, au lieu de Nicolas Garreau.

1654. Antoine Peschaut, élu, au lieu de Jacques Peschaut, son père.

1655. Jean Lejeune, 2e président, au lieu de Pierre Lejeune, son père.

1656. Guillaume Roudeau, élu, au lieu de Gilbert Garron.

1658. Jean Bouvet, élu, au lieu de Jean Bouvet, son père.

1664. Antoine Rocherolles, assesseur, au lieu de François Leboiteux.

1670. Guillaume Filioux, élu, au lieu de Jean Garreau, son beau-père.

1670. Guillaume Roudeau, procureur, au lieu d'Olivier Roudeau.

1670. Silvain Bourgeois, assesseur, au lieu d'Antoine Rocherolles.

1672. Jacques Rousset, élu, au lieu de Laurent Rousset, son père.

1681. François Rochon, lieutenant, au lieu de Jean Peschaut.

1686. Pierre Lejeune, élu, au lieu de Jean Lejeune.

1690. Philippe Tournyol, président, au lieu d'Alexandre de Seglière.

1691. André Rebière, assesseur. (Création de novembre 1689).

1692. Jean de Landriesve, élu. (Création de novembre 1689).

1692. Jean-Joseph Couturier, élu, au lieu de René Couturier, son père.

1694. Etienne Filioux, élu, au lieu de Guillaume Filioux, son père.

1697. Guillaume Desardilier, élu, au lieu d'Antoine Bellon.

1700. Jean Roudeau, procureur du roy, au lieu de Guillaume Roudeau, son père, et dispense de parenté avec le sieur Tourniol, président, son beau-frère.

1701. Jean Fayolle, élu, par démission de Silvain Bourgeois.

1705. Gabriel Landriesve, élu, au lieu de Jean Landriesve, son père.

1710. Léonard Desardilliers, élu, au lieu de Guillaume Desardilliers.

1711. Jean Fayolle de Preissat, élu, au lieu de Jean Fayolle, son père.

1713. Louis-Charles Rochon, lieutenant, au lieu de François Rochon, son père.

1722. André Filioux de la Betoulle, élu, au lieu d'Etienne Filioux.

1723. Guillaume Tourniol, président, par démission de Philippe Tourniol.

1727. François Rochon, procureur, au lieu de Jean Roudeau.

1737. Francois-Xavier Coudert de la Faye, lieutenant, par démission de Louis-Charles Rochon et dispense d'alliance avec Guillaume Tourniol, son beau-père, président en l'élection.

1749. Philippe-Silvain Tourniol, président, au lieu de Guillaume Tourniol, son père.

1749. Jean-Louis Beaufils, élu, par démission de Jean Fayolle de Preissat.

1751. Francois Desardillers, élu, par démission de Léonard Desardillers.

1752. Léonard de Combredet, élu à Guéret, par démission de François Raynaud de Saugère.

1755. Joseph Filloux, élu, par démission de Miaudre Filloux de Saint-Sulpice, son père.

1756. Antoine-Isaac Rochon de la Valette, procureur, en remplacement de François Rochon.

1759. Léonard-Louis Tixier, président, au lieu de Philippe-Silvain Tourniol.

1762. Antoine Coudert, lieutenant, au lieu de François-Xavier Coudert.

www.ingramcontent.com/pod-product-compliance
Lightning Source LLC
LaVergne TN
LVHW012320050726
842524LV00004B/1524

9782013667135